LES FONDATEURS

DU

JOURNAL DES DÉBATS

EN 1789

PAR

FRANCISQUE MÈGE

PARIS

A. FAURE, LIBRAIRE-ÉDITEUR

166, Rue de Rivoli.

1865.

LES FONDATEURS

DU

JOURNAL DES DÉBATS

EN 1789.

L'histoire du *Journal des Débats* a été faite souvent et à des points de vue bien différents. Cependant aucun de ceux qui ont écrit cet historique n'a parlé d'une manière exacte des commencements de cet important journal.

Les uns attribuent la création des *Débats* à BARRÈRE (1), d'autres à LOUVET, d'autres à ces deux personnages ensemble (2). Quelques-uns ne parlent même pas de cette origine, ou ne la présentent que comme enveloppée d'un voile impénétrable (3). D'autres, enfin, ne font dater le *Journal des Débats* que du jour de sa transformation entre les mains des frères BERTIN (4).

(1) Deschiens, *Bibliographie des journaux de la Révolution*, page 237. — France, *Catalogue de la collection Labédoyère*, page 499.

(2) Léonard Gallois, *Histoire des journaux et journalistes de la Révolution française*, tome 1, page 154, tome 2, page 2. — Eugène Hatin, *Histoire politique et littéraire de la presse en France*, tome 4, page 278; tome 6, page 277.

(3) Brisson et Félix Ribeyre, *les grands Journaux de France*, page 526. — Eugène Hatin, tome 7, page 440.

(4) *Nouvelle Biographie générale*, à *l'article* BERTIN (Louis-François). — Alfred Nettement, *Histoire politique, anecdotique et littéraire du Journal des Débats*, tome 1, page 81.

« Peu de temps après le jour, dit M. Nettement, où, le Consulat succédant au
» Directoire, Bonaparte commença son œuvre de reconstruction politique et
» sociale, le JOURNAL DES DÉBATS, *qui avait été fondé dans la seconde moi-*
» *tié de la dernière année du 18ᵉ siècle*, s'associant à sa mission, entreprit
» dans la sphère des idées, le travail que ce puissant génie accomplissait dans
» la sphère des faits. »

Les premiers rédacteurs, les véritables créateurs du *Journal des Débats* sont aujourd'hui inconnus, pour le moins oubliés de tous ou presque tous. Ces rédacteurs, ces journalistes de la première heure étaient-ils donc des hommes nuls, sans importance, sans capacité? Loin de là. La seule, la véritable cause de l'oubli où leur nom est tombé, c'est le mode de rédaction adopté par eux dès les premiers numéros du journal. Ils se bornèrent à un récit très-sec, à un compte-rendu succinct et sans critique de tout ce qui se passait à l'Assemblée Nationale. Comme ils n'émettaient aucune opinion, aucune appréciation personnelle, on ne chercha guère à s'enquérir d'eux. Le *Journal des Débats et des Décrets* apparut comme étant la feuille de l'imprimeur Baudouin. Peu importait le nom de ceux qui le rédigeaient, puisque, par leurs récits, ils ne donnaient pour ainsi dire prise à aucune réplique et ne soulevaient aucune passion; puisqu'ils n'encensaient, n'attaquaient, ne critiquaient personne; puisqu'enfin ils ne se mettaient pas eux-mêmes en scène, et ne visaient qu'à être les narrateurs fidèles de ce qu'ils avaient vu et entendu. Dans de telles conditions, il n'est pas étonnant que les contemporains même aient ignoré le nom des premiers fondateurs des *Débats*.

Certes, des commencements si modestes, je dirai même si humbles, ne semblent pas, au premier abord, dignes d'être rappelés et mis en lumière. Mais lorsqu'on aura pu voir le mobile qui animait ces fondateurs, le désintéressement et le patriotisme qui ont présidé à la formation de ce journal, on me pardonnera d'avoir, non pas tenté une réhabilitation, il n'en est pas besoin, mais d'avoir cherché à tirer de l'oubli le nom et la mémoire de tels hommes.

I.

En envoyant des députés aux Etats-Généraux de 1789, bon nombre de sénéchaussées, interprètes en cela du sentiment public, leur avaient imposé implicitement, quelquefois même expressément, l'obligation de correspondre avec leurs commettants. Pour faciliter cette communication, cet échange de vues et d'idées entre les élus et les électeurs, des comités de correspondance furent institués au sein des plus importantes municipalités.

Aucun des nouveaux représentants de la Nation n'adopta ce projet de causerie périodique avec plus d'ardeur que les deux députés nommés par le Tiers-Etat de la sénéchaussée de Clermont en Auvergne. Nul ne l'exécuta avec plus de suite, avec plus de conscience.

De ces deux députés, l'un, M. Gaultier de Biauzat, était, au moment de sa nomination, avocat au barreau de Clermont. Un ouvrage, plein de vues équitables, *les Doléances sur les surcharges que les gens du peuple supportent*, lui avait valu le renom mérité de *bon plébéien*, d'ami du peuple. L'autre, M. Huguet, était maire de la ville de Billom et procureur syndic du Tiers-Etat à l'assemblée d'Election de Clermont.

Dès leur arrivée à Versailles, vers la fin d'avril 1789, les représentants du Tiers-Etat de Clermont, voulant satisfaire à ce qu'ils regardaient comme un des devoirs les plus importants de leur nouvelle position, se mirent en rapport avec leurs commettants. Ce ne furent d'abord que des lettres adressées manuscrites par chacun d'eux à quelques villes de leur sénéchaussée, mais surtout au Comité municipal de correspondance de la ville de Clermont (1), lettres dans lesquelles ils rendaient compte des principaux événements du jour, des décisions et délibérations de l'Assemblée Nationale, ainsi que de leurs opinions et impressions personnelles.

Qu'il me soit ici permis, pour donner un aperçu juste de ces hommes dont je viens évoquer le souvenir, de reproduire

---

(1) Parmi les premiers membres de ce Comité de correspondance, nous citerons : MM. Belaigue, lieutenant du maire de Clermont; Monestier, médecin, et le jurisconsulte Bergier, tous deux députés suppléants de la sénéchaussée; et enfin, deux futurs conventionnels : Monestier, curé de l'église Saint-Pierre a Clermont; et l'avocat Couthon, d'Orcet.

quelques-unes de ces lettres qui précédèrent le *Journal des Dé-bats*. Je crois, avec M. Eugène Hatin (*Histoire de la Presse en France*, t. III, p. 18), *qu'il n'y a pas de meilleur moyen de faire connaître un journal que de le laisser parler. Les citations en pareille matière sont plus éloquentes que tous les commentaires :*

Extrait d'une lettre adressée par M. de Biauzat à M. Monestier, médecin, député suppléant à Clermont (1).

« A Versailles, ce 5 mai 1789.

» Monsieur,

» . . . .

» L'appel a été fait dans une salle où les trois ordres étaient
» réunis, c'est-à-dire pêle-mêle. On a appelé ensemble le
» clergé, la noblesse et le tiers de chaque députation, et les
» députations ont été appelées sur le cahier qui servit à la visite
» de samedi dernier. Le clergé et la noblesse s'y soumettant,
» il n'y a pas eu lieu à observation de la part du tiers.

» On rencontrait, en passant de cette première salle dans
» celle appelée des *Etats*, les grand-maître, maître et aide
» des cérémonies, lesquels prenaient : le premier, les députés
» ecclésiastiques ; le second, les députés nobles, et le troi-
» sième, les députés du tiers, et conduisaient chacune de ces
» classes aux places qui leur étaient destinées.

» La salle est majestueuse, mais fort mal disposée pour
» que les députés s'y expliquent et s'y entendent, du moins
» autant que je l'ai entrevu, en apercevant que les places des
» députés des trois ordres sont formées avec des bancs placés
» horizontalement. Je dis *bancs*, mais remarquez qu'ils sont
» rembourrés et couverts d'étoffe. Comment une assemblée de
» 1,200 personnes pourra-t-elle conférer d'une manière intel-
» ligible à tous, lorsqu'il faudra que la voix de celui qui par-
» lera rase et plane sur les têtes ?

(1) Manuscrit de la bibliothèque de Clermont.

» Les spectateurs sont infiniment mieux placés ; car ils
» sont dans deux rangs de loges entre des colonnes et sur des
» siéges en forme de gradins qui élèvent chaque rang de 12 à
» 18 pouces au-dessus du précédent.

» On a élevé au fond de la salle un théâtre ou amphi-
» théâtre sur lequel est ou était le trône, car on s'occupe dès
» à présent à supprimer cet amphithéâtre pour que la salle soit
» toute libre demain à huit heures.

» La reine était à côté du roi. Les princes, princesses,
» ducs et pairs et grands officiers de la couronne étaient sur
» les côtés. Les dames de la cour remplissaient deux balcons
» formés en prolongation du théâtre à gauche et à droite.

» Le roi a prononcé bien nettement un discours d'environ
» quatre minutes. Il a été interrompu par des applaudisse-
» ments. Il est vrai qu'il s'était un peu arrêté, et on a cru
» qu'il avait fini avant qu'il eût tout dit. Comme je présume
» que ce discours sera imprimé incessamment, je n'en dirai
» autre chose si ce n'est qu'il était simple et patriotique.

» M. le garde des sceaux a lu, pendant près de 23 mi-
» nutes, un discours qui n'a été entendu que par ceux qui
» étaient à son voisinage. Me trouvant à plus de 90 pieds de
» lui, je me suis borné à réfléchir sur ce qu'il pouvait ou de-
» vait dire de bon. Vous en saurez autant que moi jusqu'à ce
» que cette pièce soit publiée.

» M. Necker a prouvé par la longueur de son discours qu'il
» avait eu besoin de se rendre invisible pendant les derniers
» temps. La lecture a duré deux heures et demie. Il l'a com-
» mencée et s'est assez bien fait entendre, quoique parlant
» péniblement, parce qu'il est fatigué de travail. Puis, après
» une petite demi-heure, il a fait continuer par un de ses
» commis qui a une voix claire et sonore ; de manière que
» nous n'en avons rien perdu. Je suis fâché de ce discours, je
» le dis franchement, car j'y ai trouvé à redire, et particu-
» lièrement : 1°. en ce qu'il n'y a absolument rien dit de plus
» que ce qu'il a déjà publié sous d'autres jours ; 2°. en ce
» qu'il a supposé la continuité, après les Etats-Généraux, de

» plusieurs impôts qu'il convient de supprimer, autres que la
» taille et la corvée qu'il a reconnu devoir être effacées ; 3°. en
» ce qu'il a indiqué des améliorations dans des augmentations
» d'impôts actuels ; 4°. en ce qu'il a suggéré d'étendre les
» aides et gabelles aux pays exempts et rédimés ; 5°. en ce
» qu'il n'a aucunement parlé de la Constitution, quoiqu'il soit
» entré un peu avant dans les autres matières du droit public
» du ministère du garde des sceaux ; 6°. en ce qu'il a laissé
» entrevoir, comme dans son Résultat de décembre der-
» nier, qu'il considère la distinction des ordres comme de
» constitution primitive ; 7°. et principalement, en ce qu'il a
» dit nettement que le roi aurait pu se passer d'Etats-Géné-
» raux, faisant apercevoir qu'il les croyait autant et plus l'ef-
» fet de la complaisance libre que de la justice forcée.

» On compte que ce Mémoire sera mis à l'impression dès
» demain.

» Cependant il y a de bien bonnes choses dans ce Mémoire,
» il l'a ainsi intitulé. Aussi a-t-il été applaudi à sept à huit
» reprises.

» En général, on trouvera ce discours trop ministériel et
» peut-être trop personnel. Peut-être aussi me suis-je trompé,
» car il m'est souvent arrivé de m'apercevoir à un second
» examen que j'avais trop applaudi ou trop critiqué à une
» première lecture.

» Ces idées sur le discours de M. Necker et la mauvaise hu-
» meur que m'avait donnée la voix capucine de M. Barentin,
» ont terni à mes yeux le brillant de cette assemblée que l'on
» pourrait appeler *fête nationale.*
» . . . .

» Du 6 mai, à 3 heures du soir.

» . . . .

» Nous sommes tous entrés dans le bâtiment des Menus,
» sur les neuf heures ou neuf heures et demie. On était encore
» occupé à nettoyer la salle et à la déblayer des pièces du
» théâtre démonté, ce qui a encore duré près d'une heure.

» Pendant cet intervalle, les ecclésiastiques se sont assem-
» blés dans une salle séparée, et les nobles dans une autre....

» Entrés dans la salle des Etats, nous avons conféré sur ce
» que nous avions à faire, d'après la retraite, non expliquée
» encore, des deux autres ordres. Estimez vos compatriotes
» auvergnats avec lesquels vous avez disserté soit à la ville,
» soit à la sénéchaussée ; les choses s'y passaient plus tran-
» quillement, en meilleur ordre et aussi sensément sans dis-
» tinction que dans cette première assemblée du royaume. Ce
» n'était pas la cour du *roi Peto*, mais on y faisait à peu près
» de même. La démangeaison de parler faisait mouvoir beau-
» coup de langues et quelques mâchoires. J'ai entendu faire
» plus de vingt motions ; deux seules ont été suivies de déci-
» sions. Il faut avouer aussi que l'inconvénient de la disposi-
» tion des places gênait l'exposition des proposants et l'atten-
» tion des auditeurs. . . . .
» . . . .

» M. Mounier a porté la parole trois ou quatre fois, et
» toujours très-bien. Il est précis comme un professeur de
» mathématiques et énergique comme un censeur qui parle
» par sentences. J'en ai été fort content, quoique je n'aie pas
» toujours approuvé ses motions. Je crains même d'être obligé
» de le contrarier violemment, si la députation ne prend pas
» un parti ostensible au sujet de la procuration restrictive qui
» les oblige à se retirer au cas où l'on ne procède pas confor-
» mément aux vues exprimées de la province. Il m'a paru qu'il
» voudrait faire plier un peu l'intérêt général pour l'aider à
» pallier ou à corriger la contradiction existant entre l'inten-
» tion où il est de demeurer aux Etats-Généraux, et l'obli-
» gation qui lui est imposée d'en sortir. *Videbimus infrà.*
» . . . .

» Je suis, etc.

» GAULTIER DE BIAUZAT.

» *P. S.* — Il m'est impossible d'écrire d'autres lettres.
» Ici les jours et les nuits ne font que **24** heures, comme en

» province ; et il y a vingt-quatre fois plus de travail à faire.
» Ainsi , veuillez bien faire transcrire exactement toutes mes
» lettres et en envoyer des copies à Issoire , Billom , Besse ,
» Artonne, etc. Je crois que c'est d'obligation indispensable. »

Extrait d'une lettre adressée par M. Huguet au Comité de correspondance de Clermont-Ferrand (1).

« De Versailles , le 18 juillet 1789.

» Messieurs ,

» . . . .

» L'adresse a passé à l'unanimité ; on se disposait à la por-
» ter, lorsqu'on apprend dans la salle que le Roi prévient à cet
» égard les vœux de l'Assemblée. On apprend que tous les
» ministres, sans exception aucune, sont renvoyés et que
» M. Necker est rappelé. Cette nouvelle est reçue avec des
» transports de joie ; on envoie une députation au Roi pour le
» remercier. Il remet lui-même au président de l'Assemblée
» une lettre pour la faire passer à M. Necker , et il invite l'As-
» semblée à se réunir à lui pour l'engager à revenir. Il an-
» nonce en même temps que , s'étant déterminé à aller le
» lendemain à Paris, il charge l'Assemblée d'en prévenir la
» capitale, et il fait connaître son désir d'être accompagné à
» Paris par cent députés. Cette réponse fut reçue dans l'As-
» semblée avec l'ivresse de la joie , et sur-le-champ une dépu-
» tation est envoyée à Paris pour annoncer cette heureuse
» nouvelle.
» Dans la nuit du jeudi au vendredi, le château de Ver-
» sailles est balayé : tous les ministres, le maréchal de Broglie,

(1) Cette lettre est du nombre de celles que la municipalité de Clermont-Ferrand fit imprimer pour les répandre dans la sénéchaussée. Les exemplaires en sont aujourd'hui assez rares. — M. Gaultier de Biauzat, petit-fils du député, a bien voulu nous communiquer tous les livres et documents qu'il avait en sa possession, notamment la collection des trois premières années du *Journal des Débats*, et toute la correspondance antérieure rendue publique par la voie de l'impression.

» le prince de Lambesc, tous les Polignac possibles délogent.
» On a vu avec chagrin M. le comte d'Artois, Madame la
» comtesse d'Artois et les enfants de ce prince prendre le
» même parti. L'amour inné des Français pour le sang au-
» guste qui les gouverne, peut bien être affaibli, mais jamais
» il n'est effacé.

» Dans la matinée d'hier vendredi, le monstre de l'in-
» trigue qui nous poursuit depuis que nous sommes assem-
» blés, poussait les derniers soupirs. On répandait à Versailles
» que les Parisiens avaient formé le projet de retenir le Roi. Ce
» bruit parvint jusqu'à lui ; mais il ne fit rien changer à sa gé-
» néreuse résolution. Le Roi partit précédé par les cent dé-
» putés de la Nation, au milieu des acclamations d'un peuple
» immense ; il était simplement gardé par une milice bour-
» geoise qui s'était formée à la hâte à Versailles. Il fut ainsi
» conduit en triomphe jusqu'à la barrière de la Conférence,
» où il fut remis entre les mains du peuple de Paris.
» . . . .
» . . . .

» Arrivé à l'Hôtel-de-Ville, au moment où il descendait de
» voiture, le Roi fut entouré d'un peuple immense qui le pres-
» sait si fort, que les députés furent obligés de faire une
» chaîne autour de lui pour empêcher qu'on ne le suffoquât.
» Il arriva ainsi à la salle où on lui avait préparé un trône.
» On lui avait présenté à la porte de l'Hôtel-de-Ville une co-
» carde pareille à celles qui ont été arborées par tous les ha-
» bitants de Paris ; il l'avait prise et l'avait lui-même atta-
» chée à son chapeau.

» Sa Majesté reçut tous les témoignages d'amour et de
» respect que peuvent donner les Français dans le délire le
» plus complet de l'enthousiasme, pendant une heure consé-
» cutive qu'il a passée à l'Hôtel-de-Ville. Il a vu flottants à la
» porte de l'Hôtel-de-Ville, les drapeaux pris à l'assaut de la
» Bastille qui dans ce moment est à moitié démolie, et sur
» l'emplacement de laquelle on lui dit à l'Hôtel-de-Ville qu'on
» voulait lui faire ériger une statue.

» Il est reparti pour Versailles, en repassant par les mêmes
» rues, avec le même cortége et les mêmes acclamations.
» Tout Paris s'est trouvé sur son passage. On était aux fe-
» nêtres, sur les toits, partout. Et il n'est pas arrivé le plus
» petit accident. A son arrivée, les cris de *vive la Nation !*
» dominaient ; à son départ, on n'entendit plus que les cris
» de *vive le Roi !* Enfin je ne crois pas que jamais souverain
» ait encore reçu des témoignages plus flatteurs d'amour et
» de sensibilité ; il en a été attendri, pénétré, et n'a cessé de
» verser des larmes. Il a été repris à la barrière de la Confé-
» rence par la garde bourgeoise de Versailles qui l'attendait,
» et par un peuple immense accouru des villages voisins qui
» l'a reconduit au château en le comblant de bénédictions.

» C'est ainsi, Messieurs, que s'est terminée à la française
» une révolution entreprise et exécutée à la française. Je ne
» crois pas qu'il soit jamais arrivé rien de pareil. Il est unique
» dans les fastes de l'univers de voir un peuple, dans un es-
» pace de cinq jours, s'armer avec le plus grand ordre, se
» procurer par la force toutes les armes nécessaires, enlever
» et détruire une place forte, le rempart du despotisme ; de
» voir, le cinquième jour de la révolution, le souverain, que
» ces dispositions hostiles semblaient menacer, venir arborer
» lui-même, au milieu de ce même peuple révolté, la co-
» carde qu'il avait prise pour se procurer la liberté ; de voir ce
» même souverain recevoir de ce même peuple les marques les
» plus touchantes de son amour et de sa fidélité. Il était réservé
» à la nation française de donner cet exemple à l'univers.

» C'est vraiment aujourd'hui, Messieurs, que vous devez
» vous livrer à toute l'ivresse du plaisir, et que toutes les pro-
» vinces doivent manifester leur joie. . . . .
» J'ai l'honneur d'être, etc.

» HUGUET. »

Ces lettres, dont le contenu se répandait presque instanta-
nément, étaient devenues comme une nourriture nécessaire à
la population de Clermont. Quoi qu'en aient dit certains au-

teurs (entre autres M. Paul Boiteau, dans son *Etat de la France en* 1789, page 478), il y avait alors dans toute la France, dans les provinces les plus arriérées, même en Auvergne, un mouvement extraordinaire des esprits. Comme aux approches de l'an mil, les populations palpitantes semblaient attendre la fin du monde. Mais si en 1789 on attendait la fin du monde, on voyait déjà poindre en même temps l'aurore d'un monde nouveau, d'un monde meilleur. A l'une et à l'autre époque, l'angoisse et le trouble étaient dans tous les esprits ; mais en l'an mil c'était l'angoisse de la peur, tandis qu'en l'an 1789 c'était l'angoisse de l'espérance qui faisait battre les cœurs.

Dans cet état de surexcitation, tout paraissait possible, et, comme on s'attendait à tout, sans savoir précisément à quoi, on courait avidement au devant de toutes les nouvelles, et à plus forte raison quand les donneurs de nouvelles étaient des représentants aimés dont les tendances populaires étaient connues. Aussi avec quel empressement on se portait à l'arrivée du courrier (1) ! Avec quelle ardeur frénétique on se précipitait pour arriver à trouver place dans la salle de spectacle, afin d'être les premiers à entendre la lecture des lettres de MM. de Biauzat et Huguet! Et ce n'était pas un enthousiasme factice, c'était un enthousiasme de bon aloi, comme il n'en a guère éclaté depuis.

« L'intérêt avec lequel on lit et écoute vos lettres, écri-
» vaient le 4 août 1789 les membres du Comité de corres-
» pondance de Clermont, va toujours croissant. La salle de
» spectacle ne peut contenir les citoyens de tout âge, de tout
» sexe, de toute condition qu'y attire votre correspondance.
» Il faut en répéter plusieurs fois la lecture, et l'auditoire,

(1) « 12 août 1789..... On me dit que les gens (de Clermont) sont grands
» amateurs de politique et attendent impatiemment l'arrivée de chaque cour-
» rier. » (Arthur Young, *Voyage en France*, traduction Lesage, tome 1, page
280.) — Consulter aussi la Correspondance de la municipalité de Clermont avec
MM. de Biauzat et Huguet, faisant partie de la collection de manuscrits de
M. Desbouis, conservateur de la bibliothèque de Clermont.

» toujours nouveau , est toujours très-nombreux. Jamais les
» chefs-d'œuvre de Thalie et de Melpomène ne causèrent une
» telle affluence. Néanmoins, le premier mot prononcé de
» votre part produit le silence le plus absolu ; et si, dans les
» passages les plus saillants il est interrompu par des claque-
» ments de mains , c'est une ruse louable des auditeurs qui
» cherchent à soulager leur attention lassée par l'admiration
» continue qu'excite le rapport fidèle de vos discours et de
» vos actions dans l'Assemblée Nationale. . . . . »

(Extrait d'une Lettre faisant partie de la collection de M. Desbouis,
conservateur de la Bibliothèque de Clermont.)

Et il n'aurait pas fallu qu'il y eût suspension de la correspondance ; une lacune de quelques jours eût suffi pour faire
oublier tous les services de M. de Biauzat et pour lui faire
perdre sa popularité , solidement établie cependant. Le moindre
retard irritait les esprits (1). — « Ne nous laissez pas manquer
» de nouvelles , écrivait le 7 août 1789 un membre de la
» municipalité de Clermont, le public s'abonnerait plutôt à
» manquer de pain pendant 48 heures qu'à manquer de nou-
» velles un seul jour de courrier. On ne soupe qu'après avoir
» entendu les nouvelles. . . . . »

(Lettre du docteur Monestier. — Collection Desbouis.)

Du théâtre, où deux ou trois *fournées* successives d'auditeurs les dévoraient, les nouvelles se colportaient de bouche en
bouche dans tous les quartiers de la ville et jusque dans les
villages de la banlieue. Puis, pour satisfaire au vœu des autres
municipalités de la sénéchaussée et aux désirs personnels de
M. de Biauzat, le Comité de correspondance de Clermont faisait , selon leur importance , copier ou imprimer les lettres des
députés et les répandait dans le ressort.

---

(1) « Nous avons eu un retard dans la réception du n° 45 du journal de M. de
» Biauzat. *Ce défaut de lettre irrita beaucoup les esprits.* Mais ce n'est pas la
» faute de M. de Biauzat, c'est une erreur de la poste qui a été vérifiée.... »

(Extrait d'une lettre écrite à MM. de Biauzat et Huguet par la municipalité
de Clermont, le 22 août 1789. — Collection Desbouis.)

Il y eut ainsi une cinquantaine de lettres copiées ou imprimées depuis la fin d'avril jusqu'à la fin d'août 1789, tantôt sous la forme de lettres ordinaires, tantôt sous le titre de *Journal des Etats-Généraux*, et plus tard sous celui de : *Journal de l'Assemblée Nationale* et de : *Suite du Journal de l'Assemblée Nationale, fait par MM. les députés des communes de la sénéchaussée de Clermont*.

Ces lettres ou journal dont le manuscrit existe presque au complet à la bibliothèque de Clermont, étaient surtout l'œuvre de M. de Biauzat. M. Huguet tenait aussi de son côté un journal qu'il adressait également à la ville de Clermont et à la ville de Billom dont il était maire. Mais les membres du corps municipal de Clermont, donnaient à ses lettres moins de publicité qu'à celles de M. de Biauzat, soit parce que n'étant pas citoyen de Clermont il les touchait de moins près, soit parce que ses opinions et ses appréciations étant plus timides et moins radicales, se trouvaient moins souvent d'accord avec les aspirations populaires.

Ce mode restreint de publicité, suffisant à la rigueur pour Clermont, ne pouvait contenter les habitants des autres villes de la sénéchaussée. En présence des modifications incessantes que subissait un ordre de choses abhorré, en présence des événements politiques qui se succédaient avec une rapidité jusqu'alors inconnue, la plupart des populations rurales désirèrent être instruites, comme celles des villes, promptement et sans intermédiaire. C'était leur avenir qui était en question. Leur impatience était légitime.

M de Biauzat, voulant donner satisfaction à ces vœux, résolut, dès le mois de juin 1789, de correspondre directement au moyen de précis imprimés avec toutes les villes de sa sénéchaussée. Mais il fut détourné de ce projet. On lui fit observer que, vu ses nombreuses occupations, ce serait entreprendre plus qu'il ne pourrait tenir. Néanmoins il ne renonça que momentanément à l'idée que son ardent patriotisme lui avait inspirée.

« Je fus instruit, quelque temps après, dit-il dans une

» lettre au Comité permanent de Clermont, que les soins que
» s'est toujours donnés le Comité permanent de Clermont de
» répandre les nouvelles, même en faisant imprimer mes lettres
» de correspondance immédiatement après les avoir reçues,
» ne satisfaisaient pas assez promptement les désirs empressés
» de mes autres commettants, parce que les nouvelles per-
» daient de leur fraîcheur dans le retard qu'occasionnait cette
» opération, pendant laquelle des lettres particulières, écrites
» directement de Paris ou de Versailles à différentes personnes
» de la province, donnaient une première mais incomplète
» publicité aux événements. »

Deux mois plus tard, son projet fut repris en partie par ses
collègues M. Huguet et M. Grenier (de Brioude), ce dernier
député du Tiers-Etat de la sénéchaussée de Riom. M. de
Biauzat qui, le premier, avait tracé le plan de cette publica-
tion, s'entendit avec eux ; et, le corps municipal de Clermont
préalablement consulté, il fut décidé que *l'on ferait imprimer
à Versailles un précis de chaque séance de l'Assemblée nationale, où l'on pût trouver et les décrets et leurs motifs.*

Baudouin, à qui son titre de député suppléant de la sénéchaussée de Versailles avait valu le titre plus lucratif d'*imprimeur
de l'Assemblée Nationale*, consentit à se charger de l'impression
de la nouvelle feuille. On ne voulait d'abord envoyer le *précis
de l'Assemblée* qu'aux principales villes de la province ; mais
au bout de quelques semaines, les bourgs, villages et corpora-
tions voulurent avoir la même faveur que les villes, et M. de
Biauzat reçut de tous côtés des demandes où on sollicitait avec
la plus grande instance l'envoi prochain de son journal. En présence de ces réclamations si flatteuses pour eux, les nouveaux
journalistes arrêtèrent, de concert avec l'imprimeur, que le
Précis serait tiré à un plus grand nombre d'exemplaires, et
que M. Baudouin supporterait tous les frais y compris ceux de
port *moyennant le bénéfice du débit dans les villes de Versailles et de Paris et dans les provinces autres que l'Auvergne.*
Pour toute rémunération de leur travail, les députés rédacteurs
stipulèrent que le journal serait expédié *gratis* à toutes les villes

et communes de la province d'Auvergne qui en feraient la demande. Riom même que M. de Biauzat avait tout d'abord voulu excepter de cet abonnement gratuit, participa à la faveur commune.

M. de Biauzat a lui-même retracé les commencements de son journal dans deux lettres adressées par lui au Comité permanent de Clermont, les 29 août et 4 octobre 1789. Il ne sera pas inutile de les rapporter ici.

Suite du Journal de l'Assemblée nationale, N° 50 (1).

« Du samedi, 29 août 1789.

» Messieurs,

» Je changerai la forme de notre correspondance, si vous
» l'approuvez. Ce changement ne diminuera pas le détail que
» vous avez droit d'attendre de moi de tout ce qui se passe
» dans l'Assemblée Nationale. Mais ce détail vous sera trans-
» mis par des précis imprimés dont vous avez sans doute déjà
» reçu des feuilles. Je joins à cette lettre les feuilles qui con-
» tinuent la séance de jeudi et vendredi dont j'ai à vous parler.
» J'avais conçu cette idée il y a deux mois, et j'en avais fait
» part à M. Baudouin, imprimeur de l'Assemblée Nationale,
» à qui j'avais remis le prospectus du plan. Des contre-temps
» en avaient retardé l'exécution.
» Ce projet a été repris et mis en exécution la semaine
» dernière par M. Baudouin, conjointement avec MM. Huguet
» et Grenier, sans que j'en eusse été prévenu.
» Mais les choses viennent de s'arranger de manière que je
» coopérerai dans la suite à la rédaction de ces feuilles et à
» l'exécution du plan que j'avais imaginé.
» J'ai pour but d'en envoyer gratis et franc de port à toutes
» les villes de notre province. J'en aurai la facilité sans qu'il
» m'en coûte autre chose que du travail ; et, rien n'est peine

(1) Lettre inédite. — Manuscrit de la Bibliothèque de Clermont.

» lorsqu'on envisage l'intérêt d'un concert et d'une coalition
» si nécessaires dans le moment présent.

» J'en excepterai cependant la ville de Riom. Ce n'est pas
» que mon cœur ne soit susceptible du plaisir à faire le bien
» pour le mal ; mais mes intentions seraient peut-être mal
» interprétées. Peut-être prendrait-on ma démarche en mau-
» vaise part !

» Je ne fais aujourd'hui aucun commentaire sur les feuilles
» que je vous envoie. J'en ferai dans la suite sur celles qui
» seront plus de mon fait. Je joins cependant à cette lettre
» copie des réflexions que je fis hier sur l'article premier
» du projet de constitution. Je me suis restreint à y insérer
» le précis de ce que j'avais dit sans préparation. J'en fis la
» rédaction après l'assemblée à l'invitation de quelques per-
» sonnes qui écrivent par forme de journal à leurs provinces.
» Vous trouverez l'extrait exact de ce précis dans la feuille.

» Si vous agréez le nouveau plan de correspondance que
» je vous propose, j'aurai quelquefois le temps de réfléchir
» sur les motions, et d'en faire moi-même, ce dont j'ai été
» souvent empêché par le trop grand nombre et la trop grande
» étendue de mes lettres.

» J'ai l'honneur, etc. GAULTIER DE BIAUZAT. »

Lettre au Comité permanent de Clermont.

« Messieurs,

» J'avais résolu dès le commencement du mois de juin der-
» nier, de correspondre directement avec toutes les villes de
» la sénéchaussée qui a son siége dans la capitale de la pro-
» vince, et que j'ai l'honneur de représenter dans l'Assem-
» blée nationale. La personne qui tenait alors la correspon-
» dance avec moi, me détourna de ce dessein en m'écrivant
» le 18 juin : *Ce serait entreprendre beaucoup que d'entre-*
» *prendre la correspondance directe dont vous nous annoncez*
» *le projet, avec toutes les villes du ressort de la sénéchaus-*
» *sée....... Nous ne laisserons pas ignorer votre bonne vo-*

» *lonté aux villes : elles vous en auront la même reconnais-*
» *sance que de l'exécution.....* etc.

» Je fus instruit quelque temps après que les soins que s'est
» toujours donnés le Comité permanent de Clermont, de répan-
» dre les nouvelles, même en faisant imprimer mes lettres de
» correspondance immédiatement après les avoir reçues, ne
» satisfaisaient pas assez promptement les désirs empressés de
» mes autres commettants, parce que les nouvelles perdaient
» de leur fraîcheur dans le retard qu'occasionnait cette opé-
» ration pendant laquelle des lettres particulières, écrites direc-
» tement de Paris ou de Versailles à différentes personnes de
» la province, donnaient une première mais incomplète publi-
» cité aux événements.

» Je revins à mon projet : et pour accélérer la communica-
» tion, j'imaginai de faire imprimer ici un précis de chaque
» séance de l'Assemblée Nationale, où l'on pût trouver et les
» décrets et leurs motifs.

» Je ne me proposais d'abord de transmettre ce journal
» qu'aux communes que je dois spécialement considérer comme
» mes commettants.

» Mais ayant lu dans une circulaire imprimée, écrite dans
» d'autres vues, par une des villes de notre province dans le
» mois d'août dernier, que les résultats des travaux de l'As-
» semblée Nationale parviennent encore moins promptement
» aux communes de la sénéchaussée qui a son siége dans cette
» ville (Riom), je crus convenable d'adresser le journal dont
» j'avais conçu le plan, aux villes de cette sénéchaussée, même
» à toutes celles de la province.

» Je n'entendais détourner personne d'une correspondance
» quelconque déjà formée ; je ne visais pas à capter la con-
» fiance. Je sens, hélas ! qu'il est aussi difficile qu'honorable
» de répondre à celle dont je suis chargé ; je n'avais et je n'ai
» encore d'autre but que de me livrer au penchant qui me
» portera toujours à agir de tout mon possible, et dans toutes
» les occasions, pour l'intérêt des habitants de ma province.

» Je déterminai l'imprimeur de l'Assemblée Nationale à se
» charger de tous les frais d'impression et de port (1), moyen-
» nant le bénéfice du débit dans les villes de Versailles et de
» Paris, et dans les provinces autres que l'Auvergne.

» L'entreprise fut cependant retardée (2), parce que je devais
» au comité permanent de Clermont la déférence de lui sou-
» mettre préalablement mes vues. Des circonstances particu-
» lières et imprévues, en retardant sa réponse, se sont opposées
» innocemment à mon empressement pour mes compatriotes.

» Dans cet intervalle, M. Huguet, mon collègue, et M. Gre-
» nier, commencèrent le travail projeté (3). M. Huguet fit pas-
» ser le journal à quelques-unes des villes de la sénéchaussée
» qui nous a députés. MM. Grenier, Riberolles de Marti-
» nanches, Girot de Pouzol et Vimal en ont aussi envoyé cha-
» cun aux communes de leurs cantons.

» Retenu par la proposition que j'avais faite au Comité de
» Clermont, je me suis borné, jusqu'à présent, à adresser le
» journal à cette ville.

» Enfin le Comité m'ayant témoigné, par lettre du 29 sep-
» tembre, qu'il verrait *avec le plus grand plaisir* l'exécution
» de mon plan, je me hâte de faire passer ce journal à toutes
» les villes de la province. Il leur arrivera franc de port à com-
» mencer par le n° 36. Les précédents numéros seront envoyés
» aussi gratuitement aux villes qui les demanderont. MM. Gre-
» nier, Huguet et moi continuerons ce travail de concert, et
» nous nous réunirons au besoin pour satisfaire aux demandes
» qui nous seront faites.

(1)-(2)-(3) Il y a deux éditions imprimées de cette lettre. Sans offrir des
différences essentielles, les deux éditions ne sont cependant pas entièrement
identiques. Le paragraphe : *Je déterminai*, etc., commence ainsi dans l'autre
édition : *L'imprimeur de l'Assemblée Nationale m'offrit de se charger*, etc.
Les mots *l'entreprise fut cependant retardée parce que*, etc., qui commencent
l'alinéa suivant de notre édition manquent dans l'autre. Enfin, au lieu de :
*Dans cet intervalle, M. Huguet, mon collègue, et M. Grenier commencèrent le
travail projeté. M. Huguet fit passer*, etc. L'autre édition porte : *Dans cet intervalle, M. Huguet, mon collègue, a fait passer*, etc.

» (1) Je me félicite de trouver cette occasion d'employer
» mon zèle à effectuer en quelque chose le désir constant de
» la ville de Clermont-Ferrand de fraterniser cordialement avec
» toutes les villes, bourgs et autres communes de la province.

» Je suis dans cette disposition et avec respect, etc.,

» GAULTIER DE BIAUZAT.

» Versailles, ce 4 octobre 1789. »

II.

Le Journal des Débats et des Décrets était fondé. Le premier
numéro (format in-8°) parut le 30 août 1789, rendant compte
de la séance de l'Assemblée du 29 (2). Il commençait ainsi,
sans autre préambule :

» Les objets qui occupent en ce moment l'Assemblée Na-
» tionale sont les plus délicats et les plus importants qu'elle
» ait jamais à traiter. Quelle sera l'influence de l'autorité
» royale sur la législation? La solution de cette question im-
» porte essentiellement à la génération présente et aux géné-
» rations futures. C'est du plus ou moins grand degré de force
» qu'aura le pouvoir législatif, que doit dépendre le degré d'in-
» fluence à accorder au pouvoir exécutif. Le bonheur des
» peuples, leur tranquillité, leur liberté dépendent de la juste
» combinaison qui sera établie entre les différents pouvoirs et
» de leur influence réciproque. De là, on ne doit pas s'étonner

(1) L'autre version porte à la suite du précédent paragraphe cette phrase :
*S'il y a des centres de correspondance hors des villes, j'y ferai passer le jour-
nal aussi gratuitement aussitôt qu'ils m'auront fait parvenir leur adresse.*

(2) Quelques numéros avaient été imprimés avant cette date. Les lettres de
M. de Biauzat ci-dessus transcrites en font foi. Mais comme nous n'avons pu
découvrir aucun exemplaire de ces numéros, et qu'il nous a été impossible de
savoir *sous quel titre particulier* ils avaient paru, comme ils n'étaient en quelque
sorte qu'une tentative, un essai de MM. Huguet et Grenier, sans plan arrêté,
comme enfin le numéro qui rend compte de la séance du 29 août 1789, porte
en tête le chiffre 1, nous sommes fondés à regarder ce numéro comme étant le
premier du *Journal des Débats.*

» que l'Assemblée Nationale, après deux jours de discussions
» sur l'influence du Gouvernement monarchique dans la légis-
» lation, ait renvoyé la discussion à une troisième séance.

» . . . . »

Ce ne fut que quelques jours après, au commencement de
septembre, que l'imprimeur Baudouin publia un prospectus.

« On désire depuis longtemps, dit-il dans ce prospectus,
» un détail exact, circonstancié et impartial des travaux de
» l'ASSEMBLÉE NATIONALE, et le moyen d'obtenir des résultats
» de l'authenticité desquels on puisse être assuré.

» C'est dans cette vue, que nous offrons au public, dans le
» JOURNAL DES DÉBATS ET DES DÉCRETS, ces avantages réu-
» nis à la plus prompte expédition possible, puisque l'impres-
» sion du journal que nous proposons se fait à Versailles, im-
» médiatement après chaque séance.

» Ce journal ne laissera rien à désirer s'il réunit à la plus
» grande célérité, l'impartialité la plus absolue et l'exactitude
» la plus scrupuleuse de tous les faits qui y seront rapportés ;
» et c'est ce but que nous tâcherons d'atteindre. On conser-
» vera, autant qu'il sera possible, les expressions énergiques
» qui tiennent si fortement au sens qu'il serait difficile de les
» désunir sans affaiblir l'idée.

» Notre ambition serait satisfaite si ce journal pouvait jus-
» tifier la confiance de MM. les députés et leur tenir lieu d'une
» correspondance d'autant plus pénible, que les travaux im-
» menses de l'Assemblée ne leur laissent souvent que le temps
» le plus nécessaire à leur repos.

» Ce journal, composé d'une demi-feuille, sera remis tous
» les matins dans la demeure de MM. les souscripteurs de
» Paris et de Versailles. . . . .

» Le prix de la souscription est de 9 livres, franc de port,
» pour Paris et de 10 livres pour tout le royaume, pour deux
» mois, à compter du premier du courant (septembre 1789). »

Ces citations font parfaitement connaître quel allait être le
mode de rédaction du nouveau journal. Comme il était appelé

à servir de journal de correspondance à des députés de diverses provinces et d'opinions différentes, pour plaire à toutes les opinions, il lui était interdit d'en manifester une. Ce devait être un *précis*, comme disait M. de Biauzat, un simple narré, duquel on ne pourrait exiger qu'une chose, l'exactitude. Il conserva ce caractère, pendant toute la durée de la Constituante.

La seule circonstance, une des seules au moins, où les rédacteurs se soient départis de leur réserve habituelle, c'est dans le récit de la discussion de l'affaire du sieur Merle *se disant marquis d'Ambert*, accusé d'avoir occasionné un conflit entre les soldats du régiment Royal-Marine dont il était colonel et la garde nationale de la ville de Marseille où le régiment était en garnison (*Journal des Débats*, n° 224, séance du 27 mars 1790) (1).

Quant au style du journal et des correspondances qui l'avaient précédé, il était aussi peu soigné que possible. Les rédacteurs n'apportaient dans leur œuvre aucune prétention littéraire. Chacun d'eux alternativement rédigeait le compte-rendu des séances de l'Assemblée, sans s'inquiéter de la forme. Le fond seul les préoccupait. Un peu plus de souci du style n'eût rien gâté. Mais le temps leur manquait ; il fallait avant tout de la célérité et de la ponctualité dans la correspondance. Du reste, ils ne se faisaient eux-mêmes à ce sujet aucune illusion.

« Je vous préviens, écrivait, le 9 mai 1789, M. de Biauzat
» à un des députés suppléants de sa sénéchaussée, je vous
» préviens que j'écris à plume courante et sans avoir le temps
» de me corriger à seconde ni à première lecture. Prévenez-en
» ceux à qui vous lirez mes lettres et invitez-les à juger de
» moi par ma pensée plutôt que par mes expressions. »

(Collection des lettres manuscr. de M. de Biauzat. — Biblioth. de Clermont.)

(1) M. Merle n'était pas aimé des habitants d'Ambert avec lesquels il avait plaidé pour des communaux ou des droits seigneuriaux. M. de Biauzat dont la femme appartenait à une des plus honorables familles d'Ambert, était au courant de tout cela. On comprend alors dans une certaine mesure pourquoi il releva si vivement dans son journal, l'appellation de *marquis d'Ambert* que se donnait le sieur Merle.

Il est juste de constater cependant que, pour être moins fa-
milier, le *Journal des Débats* fut bien moins attachant et bien
plus incolore que les lettres qui l'avaient précédé. Ces lettres
souvent, comme nos citations ont pu le faire voir, ne man-
quaient ni d'entrain ni de vivacité, et le récit n'y était pas ha-
bituellement monotone comme dans le journal.

III.

Le *Journal des Débats*, avec ses allures prudentes et ré-
servées, avec sa sécheresse de procès-verbal, ne dut pas plaire
aux Parisiens. Spectateurs directs ou acteurs des événements
qui s'accomplissaient, il leur fallait non pas un pâle compte-
rendu, mais un récit mouvementé, une relation critique re-
produisant l'allure ardente et passionnée non-seulement des
débats de l'Assemblée, mais aussi des propos de la rue et des
événements du jour. Le nouveau journal n'était pas à leur dia-
pason. Nous trouvons un indice de ce peu de succès du *Journal des Débats* à Paris dans le portrait qu'en fait un pamphlet
de l'époque, rapporté par M. Eugène Hatin et attribué à un
sieur Chantreau :

« *Débats de l'Assemblée Nationale.* — C'est bien effecti-
» vement ce qui s'est débattu dans l'Assemblée ; mais le jour-
» naliste rapporte les disputes comme un homme qui les a
» vues de loin. Il ne nous peint pas le regard étincelant des
» contendants ; cette tension nerveuse de celui qui prépare
» son coup ; la souplesse adroite de celui qui l'évite pour en
» porter un plus terrible peut-être. Je n'entends point le cli-
» quetis des armes ; je n'entends point les huées qui honnissent
» le champion qui s'est mal défendu, ni les applaudissements
» qui portent aux nues celui qui sort victorieux de l'arène.
» Ah ! je le vois, les : *ils dirent*, les : *ils répondirent,* ne
» parlent point à l'âme. »

Le pamphlet auquel ce passage est emprunté, est intitulé :
Dictionnaire national et anecdotique pour servir à l'intelli-

*gence des mots dont notre langue s'est enrichie depuis la Révo-
lution , et à la nouvelle signification qu'ont reçue quelques an-
ciens mots. — Enrichi d'une Notice exacte et raisonnée des
journaux , gazettes et feuilletons antérieurs à cette époque...
par M. de l'Epithète... à Politicopolis, 1790.*

Mais autant il parut fade à Versailles et à Paris , autant en
Auvergne il fut goûté et recherché avec une avide curiosité ;
d'abord parce que les habitants de cette province recevaient
peu ou point d'autres journaux ; et puis , parce que les rédacteurs étaient Auvergnats , et que tout ce qui pouvait intéresser
la province était traité avec un certain développement. On peut
dire que, dans ses premiers commencements, le *Journal des Débats* était presque spécialement rédigé en vue de l'Auvergne ,
ad usum Arvernorum. Aussi son succès fut-il immense dans
ce pays. On en faisait la lecture publique dans presque toutes
les communes ou paroisses de quelque importance , et chacun
accourait à ces lectures avec un empressement dont aujourd'hui
on a peine à se faire une idée.

Le *Journal des Débats* vécut dans ces conditions jusqu'à la
fin de la Constituante , rédigé toujours par des députés de l'Auvergne ; l'extension donnée au compte-rendu des débats inté-
ressant cette province le montre suffisamment. Il est à croire
cependant qu'à partir des derniers mois de 1790 , M. Gaultier
de Biauzat ne prit qu'une très-faible part à la rédaction de la
feuille dont il avait été le principal fondateur. Nous trouvons ,
en effet , au bas d'un alinéa , dans le n° 420 du 6 septembre
1790 , une note ainsi conçue : NOTE DES RÉDACTEURS. — *Cet
article est de M. de Biauzat.* — Une pareille note ne s'expli-
querait pas , si M. de Biauzat n'eût pas cessé d'être un des rédacteurs habituels du *Journal des Débats.*

Avant cette retraite de M. de Biauzat, une querelle locale avait
failli priver le *Journal des Débats* de tous ses rédacteurs à la fois.

Une hostilité extraordinaire existait de vieille date entre les
deux villes qui se disputaient la prépondérance dans la Basse-
Auvergne , Riom et Clermont. Cette hostilité s'était ravivée

plus énergiquement que jamais , à l'occasion du projet de division de la province en départements , et surtout à l'occasion de la désignation du chef-lieu et du placement des tribunaux. Malouet d'un côté, et Biauzat de l'autre, s'étaient faits les principaux champions de cette lutte. De là entre ces deux députés, que leurs aspirations et leurs opinions séparaient déjà , une animosité qui se manifestait dans toutes les circonstances (1). L'influence que M. de Biauzat s'acquérait de jour en jour dans la province par l'envoi de son journal à toutes les communes , influence qui s'exerçait naturellement au profit de Clermont , ne put trouver indifférent M. Malouet et son parti. M. Dufraisse du Chey, l'*alter ego* de Malouet, et comme lui député de Riom , où il exerçait les fonctions de lieutenant général au présidial , chercha à désarmer ses adversaires en leur enlevant un de leurs principaux moyens d'action.

Le 12 janvier 1790 , il présenta à l'Assemblée un projet de décret tendant à interdire aux députés la faculté de coopérer à la rédaction d'un journal quel qu'il fût. Sous une forme générale , l'attaque était en réalité dirigée surtout contre M. de Biauzat et ses collègues du *Journal des Débats* , bien qu'ils ne fussent pas nommés. L'Assemblée rejeta la motion.

Voici comment cet incident est raconté par M. de Biauzat dans le n° 142 de son journal. Comme il y avait eu diplomatie dans l'attaque, il y eut discrétion dans le compte-rendu. Le journal n'eut pas l'air de se douter du danger qu'il venait de courir :

« Séance du 12 janvier 1790. — ..... Ensuite M. Du-
» fraisse a demandé la parole, et , à travers beaucoup de mur-
» mures et d'interruptions , il a proposé le décret suivant :

» *Qu'il soit nommé un Comité de quatre personnes qui se-*
» *ront chargées d'examiner tous les journaux, et notamment*
» *ceux qui ont pour titre :* LES RÉVOLUTIONS DE PARIS, LE

---

(1) M. *Malouet*, dit Biauzat, dans une lettre au Comité de correspondance de Clermont, en date du 9 mai 1789 , *M. Malouet n'est pas un terrible homme, mais c'est un bien mauvais citoyen à mon avis.* — Ailleurs il l'appelle ironiquement *le Dieu de la députation de Riom.* — Nous ne savons en quels termes M. Malouet parlait de M. de Biauzat, dans ses lettres.

» Journal de Paris, L'Ami du Peuple, *et autres, et qu'il*
» *soit défendu à toutes personnes de l'Assemblée de faire des*
» *journaux directement ou indirectement.*

» L'Assemblée a trouvé cette motion peu digne de son at-
» tention , au moment où elle venait d'énoncer son vœu pour
» la formation d'une loi sur les justes limites de la liberté de
» la presse. En conséquence , quelques membres ont proposé
» de la rejeter par la question préalable en demandant le nom
» de l'auteur.

» M. Dufraisse a proposé de retirer sa motion , mais on a
» insisté pour qu'elle fût expressément rejetée par la question
» préalable.

» L'assemblée a en conséquence décrété qu'il n'y a pas lieu
» à délibérer (1). »

Nous n'entreprendrons pas de suivre le *Journal des Débats*
jusqu'en 1799, époque à laquelle les frères Bertin en devinrent
propriétaires. Comme nous l'avons déjà dit , notre seul but a
été de jeter quelque jour sur les premiers commencements d'un
journal qui a occupé dans la presse et occupe encore aujour-
d'hui une position si importante, et d'ajouter ainsi une page à
l'histoire de cette province d'Auvergne qui nous est chère à plus
d'un titre.

---

(1) Le 9 mars 1795, sur la proposition de Lacroix , la Convention Nationale
rendit un décret spécialement dirigé contre Gorsas , par lequel elle décida *que
les membres de la Convention qui font les journaux seront tenus d'opter entre
la qualité de journaliste et celle de représentant du peuple.*

Un mois après, dans la séance du 2 avril 1795 , le décret fut rapporté ; il
s'agissait cette fois de Marat qui, malgré le décret, avait continué à publier des
journaux. Accusé par Barrère d'avoir violé les décrets de la Convention, Marat
se borna à dire *qu'il n'avait jamais pu être rendu un décret qui défendît à l'é-
crivain patriote de publier ses idées.* Et l'Assemblée se rétracta, montrant ainsi
que, selon les personnalités qui étaient en jeu , elle savait avoir deux poids et
deux mesures.

NOTES BIOGRAPHIQUES

LES PREMIERS RÉDACTEURS DES *DÉBATS*.

GAULTIER DE BIAUZAT. — Jean-François Gaultier de Biauzat, né à Vodable, près Issoire, le 23 octobre 1739, était avocat à Clermont lors des élections aux Etats-Généraux. Ses succès au barreau et surtout un livre qu'il avait publié en 1788, sous ce titre : *Doléances sur les surcharges que les gens du peuple supportent en toute espèce d'impôts*, et qu'il présenta lui-même au Roi, lui avaient valu une immense popularité dans tout le ressort de la sénéchaussée de Clermont. Il fut nommé premier député du Tiers-Etat de cette sénéchaussée.

La confiance de ses commettants ne fut pas trompée. Il occupa un rang distingué à l'Assemblée Nationale où sa droiture de cœur et de jugement, son patriotisme ardent, la franchise de ses appréciations plutôt que son éloquence, faisaient écouter et souvent admettre ses opinions et ses motions.

Doué d'une activité infatigable, il tenait ses compatriotes au courant de tous les faits les plus intéressants, et les aidait de ses conseils pour toutes les affaires locales. En même temps, il travaillait pour lui-même, et entretenait sur tous les points de la province une correspondance multipliée. On a vu la grande part qu'il a prise à la fondation du *Journal des Débats*. Il lui fallait une puissance de travail considérable pour suffire à de tels travaux.

Dans toutes les circonstances, il prit l'intérêt de Clermont, sa patrie adoptive, et lutta avec acharnement contre les prétentions de la ville de Riom. Aussi ses compatriotes s'empressèrent-ils de lui témoigner leur reconnaissance chaque fois que l'occasion s'en présenta. Successivement, ils l'élurent maire de la ville, adoptèrent ses enfants lorsque survint la mort de Mme de Biauzat, firent placer son portrait dans la salle des délibérations, etc. Il eut à un moment une influence extraordinaire non-seulement à Clermont mais même dans toute la province. On le consultait, on l'invoquait de tous côtés.

Après la Constituante, il exerça les fonctions de juge au tribunal de Paris, puis il rentra dans la vie privée. Les opinions monarchiques constitutionnelles (1) qu'il avait souvent développées lui valurent, sous la Terreur, des persécutions. Couthon, qui avait été son ami et son collègue, le fit emprisonner et lui réservait sans doute les honneurs de la guillotine. Heureusement le 9 thermidor arriva à temps pour le sauver.

Ensuite il fut successivement commissaire du Pouvoir exécutif au tribunal de Clermont, au tribunal de Paris, et professeur de législation à l'Ecole centrale du Puy-de-Dôme. En l'an V, il siéga comme haut juré à la Haute-Cour de Versailles devant laquelle comparut le fameux Babeuf.

Nommé cette même année juge au tribunal de cassation, il exerça ces fonctions jusqu'au Consulat. Enfin, après avoir rempli pendant quelque temps, à son corps défendant, les fonctions de commissaire du Gouvernement consulaire près le tribunal criminel de la Seine, il fut appelé à un siége de juge à la Cour d'appel de Paris. Il mourut le 22 février 1815.

HUGUET. — L'année 1789 trouva M. Huguet (Jacques-Antoine), maire de la ville de Billom, où il était né le **28 mars 1751.**

Sa réputation de capacité et de probité l'avaient fait désigner en 1787 pour remplir les fonctions alors nouvelles et par cela

---

(1) Les opinions monarchiques de Biauzat n'étaient cependant pas chez lui posées en principe absolu :

« Le respect pour le principe monarchique, écrivait-il le 11 août 1791, aux
» membres du Directoire du département du Puy-de-Dôme, peut seul nous as
» surer la durée d'un bon gouvernement. Je penserais autrement si le royaume
» était vingt fois moins étendu et s'il avait un moindre nombre de points de con
» tact avec d'autres empires. Il y a des points de contact moraux quoique moins
» sensibles que les physiques. »

(Archives départementales. — Correspond. Gaultier Biauzat, 1790-1792).

Il voulait surtout que le pouvoir royal ne fût pas indépendant de la Nation, et il plaçait l'autorité de l'Assemblée Nationale bien au-dessus de celle du Roi.

même difficiles de procureur syndic du Tiers-Etat de l'Election de Clermont. Il s'en acquitta avec modération et intelligence, et ne les abandonna que lorsque le Tiers-Etat de la sénéchaussée de Clermont l'eut choisi pour un de ses représentants aux Etats-Généraux

A l'Assemblée Nationale, il se prodigua peu en public. Pénétré néanmoins de l'importance de ses fonctions, il travaillait beaucoup. « L'assiduité, dit-il dans une lettre en date du onze
» août 1789, l'assiduité journalière que nous sommes obligés
» de donner à nos assemblées, la correspondance étendue que
» nous sommes obligés d'avoir et qui se renouvelle chaque cour-
» rier, les méditations sur le nouvel ordre de choses qui va
» s'établir, méditations plus nécessaires encore pour ceux dont
» les intentions sont pures, et qui, comme moi, n'avaient pas
» encore sondé la profondeur de la Révolution qui se prépare ;
» voilà une grande suite d'occupations qui peuvent et doivent
» bien excuser de la négligence à remplir d'autres devoirs.... »

(Extrait d'une lettre à l'abbé Aubier, procureur syndic du clergé et de la
noblesse. — Archives départ. Fonds de la commission intermédiaire.)

Moins radical que son collègue, M. de Biauzat, il partageait ses idées sur beaucoup de points. Sans parler de sa collaboration au *Journal des Débats,* collaboration à laquelle il prit part avec la plus grande activité, il est bon de noter l'énergie qu'il ne cessa de déployer pour contrecarrer, lors de la division du royaume, les prétentions exagérées que, par l'organe de Malouet surtout, la ville de Riom élevait à l'encontre des intérêts de Clermont. Il survint même à cette occasion une querelle qui faillit être fatale à M. Huguet. Nous en empruntons le récit aux Mémoires de M. de Montlosier.

« .... Dans une des réunions des députés de la pro-
» vince qui avait lieu à un hôtel de la place Vendôme pour
» fixer les limites de nos départements, il s'éleva entre un des
» députés du côté gauche (M. Huguet) et moi, une contes-
» tation sur ces limites. Dans cette contestation, je ne sais
» pourquoi j'eus à prononcer le nom de M. Malouet. — *Votre*
» *M. Malouet,* me dit M. Huguet, *n'est qu'un intrigant.*

» — Je me sentis offensé plutôt comme membre du côté droit,
» que pour M. Malouet que je connaissais peu et que je ne
» voyais pas. Je répondis à M. Huguet : *Sachez, Monsieur, que*
» *M. Malouet, que vous insultez ici sans raison, n'est pas plus*
» *un intrigant que vous n'êtes un fripon.* — A ce mot de
» *fripon,* il se lève, me charge d'injures ; des injures il passe
» aux provocations et aux menaces. Nous nous rendons le
» lendemain au bois de Boulogne. M. de Riberolles était son
» témoin ; je ne sais qui était le mien. Le combat fut long et
» opiniâtre ; à la fin, je lui portai un coup d'épée au bas ventre
» qui le perça de part en part. Il tomba sur le coup. Nous le
» croyions mort. Sa blessure ne se trouva pourtant pas mor-
» telle ; au bout de trois mois, il fut rétabli. »

(Mémoires de M. le comte de Montlosier sur la Révolution française,
le Consulat, l'Empire, la Restauration ; tome 2 , page 522.)

En **1795**, **M.** Huguet fut nommé membre du conseil des
Cinq-Cents, et devint, lors de l'organisation de l'administra-
tion préfectorale, préfet du département de l'Allier. C'est
comme tel qu'il publia en l'an **X** une consciencieuse Statistique
de ce département, sous le titre de : *Tableau de situation du
département de l'Allier.*

Enfin, après avoir fait partie du Corps législatif de **1802** à
1807, il fut nommé en **1811** conseiller à la Cour de Riom.
C'est dans ce poste honorable que la mort vint le surprendre le
30 juillet 1819.

GRENIER. — Jean-Baptiste Grenier, né à Brioude le
21 avril **1753** *(Il ne faut pas le confondre avec M. Grenier,
baron de l'Empire)*, était avocat au présidial de Riom depuis
1777, lorsque, en **1787**, l'Assemblée Provinciale d'Auvergne
le désigna pour être son secrétaire ou greffier. Il s'acquitta de
ces fonctions avec le plus grand zèle et de façon à mériter
tous les éloges.

Elu en **1789** député aux Etats-Généraux par le tiers-état
de la sénéchaussée de Riom, il fut obligé d'abandonner son
greffe à l'Assemblée Provinciale. Quelques mois plus tard,

en octobre 1789 , la Commission intermédiaire l'invita à venir le reprendre. Grenier répondit avec raison *qu'il ne pouvait quitter son poste avec honneur et décence , et sans s'exposer à l'improbation de l'Assemblée Nationale et de ses commettants ;* et tout en exprimant ses regrets , il envoya sa démission qu'on ne voulut pas accepter (1). Cette démission devait , du reste , bientôt devenir inutile par suite de la dissolution des commissions intermédiaires et de l'organisation des administrations départementales.

M. Grenier était l'ami et le fervent admirateur de son compatriote Lafayette. Aussi, imbu des mêmes principes, se plaçat-il , à l'Assemblée Nationale , parmi les membres amis de la liberté et du progrès.

L'acte le plus important de sa vie politique fut sa collaboration au *Journal des Débats.*

Rentré , après la Constituante, dans la vie privée , il devint, à la création des préfectures, sous-préfet de la ville de Brioude. Il n'exerça ces fonctions que pendant peu d'années ; nous ignorons pour quel motif. En 1830 , il remplit un instant le poste de receveur particulier des finances à Brioude , et mourut en 1834 ou 1835.

---

(1) « Les circonstances actuelles , répondit-il, ne permettent pas qu'il
» manque un seul ouvrier au grand atelier de la régénération du royaume. Ce
» que je dois à la province , à mes concitoyens, la confiance dont ils m'ont
» honoré en me chargeant de leurs vœux , les difficultés même du moment,
» tout me fait un devoir impérieux de ne pas me séparer de l'Assemblée Nationale , et de partager ses sollicitudes et ses travaux. Je vous prie de considérer , Messieurs, que je ne pourrais, dans les circonstances actuelles,
» quitter mon poste avec honneur et décence et sans m'exposer à l'improbation
» de l'Assemblée Nationale et de mes commettants.....

(Extrait d'une lettre adressée le 20 octobre 1789 à la Commission intermédiaire. — Archives départementales. Fonds de la Commission intermédiaire).

Clermont, typ. Ferdinand Thibaud.